Colin, Grujo et l'amitié

Conception et illustrations : Patrick Arguin
Collaboration et textes : Michèle Rappe
Support, coaching et collaboration : Hélène Beaudette

Pour avoir permis à OUTILS POUR LA VIE de voir le jour par sa présence bienveillante et son support inconditionnel, j'offre à Hélène Beaudette toute ma joie et ma gratitude. Mille fois merci ! !

C'est une magnifique journée.
Colin, le chêne, se laisse bercer par la brise et il
remarque un petit écureuil qui s'approche en sautillant.

– Bonjour, dit joyeusement l'écureuil.
Je m'appelle Grujo! Et toi?

Le chêne rougit un peu... et répond timidement
– Je m'appelle Colin.

Tout à coup, un gland se détache
et Grujo le regarde avec gourmandise.

– Est-ce que je peux le manger? demande-t-il.
Colin hésite un peu, mais il finit par accepter.

Colin observe Grujo qui se régale.
– Il a l'air bien gentil cet écureuil, pense-t-il.
– C'était délicieux, s'exclame Grujo. Merci beaucoup ! Au revoir...

Le lendemain, Grujo revient voir Colin.
– Bonjour Colin, je suis content de te voir !
– Bonjour Grujo ! Moi aussi je suis content.
Aimerais-tu manger un gland ce matin ?

– Oh oui, répond ravi le petit écureuil.
C'est très gentil à toi.

Grujo déguste ce cadeau en racontant à Colin
une de ses nombreuses aventures dans le jardin.

Au fil des jours, Colin et Grujo apprennent à se connaître. Le chêne est de plus en plus confiant et il a beaucoup de plaisir à retrouver Grujo.

L'écureuil, espiègle, aime courir sur le tronc du bel arbre et sauter de branche en branche. Quel bonheur d'avoir un ami !

Ce matin, Colin est inquiet. Grujo n'est pas venu le saluer comme d'habitude !

Le temps passe, et la tristesse envahit Colin. Il se demande si Grujo l'a oublié.
– C'est sûrement parce que je n'ai plus de glands à offrir, se dit Colin... et il confie son chagrin à maman la Terre.

– Cher Colin, dit avec amour maman la Terre,
même si tu ne portes plus de fruits pour l'instant,
tu es toujours un magnifique et gentil chêne.

– Mais Grujo n'est pas venu, s'écrie Colin...
peut-être qu'il ne m'aime plus !

– Et toi, répond maman la Terre, que penses-tu
de toi ? Colin est bien embêté, il ne sait quoi
répondre à maman la Terre...

Papa Soleil a tout entendu... il propose son aide à Colin.
– Pour répondre à cette question, dit papa Soleil, il faut
d'abord respirer calmement...
– Inspire... Expire...

Colin ferme les yeux et respire profondément.
Il sent le calme s'installer.

Guidé par papa Soleil, Colin descend dans son coeur et pense à son bel arc-en-ciel de sagesse. Un lutin vert apparaît et lui parle doucement.

– Ton coeur ressemble à un coffre, explique Vert.
Il contient, par exemple, ta joie de vivre, ta gentillesse,
ta confiance en toi. Quand le coffre est ouvert, l'amour
jaillit en toi et tu peux le sentir.

Parfois, quand tu crois que l'on t'aime moins, quand
tu es triste ou déçu, tu fermes un peu le coffre de ton
cœur et tu sens moins l'amour.

Colin écoute attentivement le lutin.
– Vois-tu Colin, tu es le seul à pouvoir ouvrir ou fermer le coffre.
Ton trésor intérieur est merveilleux et personne ne peut te
l'enlever. Ce trésor... c'est toi !

Colin se laisse guider par les conseils de Vert et il imagine
l'ouverture de son coeur.

Une belle lumière verte enveloppe Colin. Il y a beaucoup de douceur et d'amour. Le lutin explique à Colin que le trésor est toujours là, dans son coeur, même quand Grujo est absent et qu'au fond de lui, il y a les souvenirs inoubliables des bons moments passés avec son ami.

Colin est heureux...
Il comprend qu'il peut en tout temps
se sentir bien, même s'il est seul.

Toc...Toc...
Grujo frappe doucement sur le tronc
de Colin qui ouvre les yeux tout surpris.

– Je suis là, dit le petit écureuil. Je suis allé faire une grande
promenade dans le jardin. J'ai un tas de choses à te raconter !
– Moi aussi, dit Colin, mais il fait un peu frais... Veux-tu grimper
te mettre à l'abri au creux de mes branches ?

Grujo s'est confortablement installé près de son ami Colin. Entre les branches du chêne, la Lune joue à cache cache et se réjouit d'entendre les deux amis rire et s'amuser.

Rappelle-toi...

Comment devient-on ami avec les autres?

Pour cela, tu dois oser ouvrir ton cœur aux autres afin qu'ils puissent mieux te connaître. Cela te demandera de vaincre ta peur et d'avoir confiance en toi, mais aussi de faire confiance aux autres, même si cela est parfois gênant au début.

Est-ce normal d'avoir peur au début?

Quand tu rencontres une personne pour la première fois, tu ne sais pas ce qu'elle va penser de toi, et cela fait parfois un peu peur. À force de mieux se connaître et de se faire confiance, l'amitié entre deux personnes grandit et la peur s'en va.

Qu'est-ce qu'un véritable ami?

Un véritable ami est quelqu'un qui t'apprécie tel que tu es, qui aime passer du temps avec toi et qui te veut du bien. Si un conflit surgit, c'est important d'expliquer à ton ami comment tu te sens, et d'écouter comment lui se sent, afin de pouvoir trouver une solution qui plaira aux deux.

La collection de livres

Outils pour la vie
Pour la confiance et l'estime de soi

1. Papa Soleil et maman la Terre créent la vie
La respiration/Garder ou retrouver son rythme

Respirer est essentiel à la vie; bien respirer est un formidable outil pour retrouver le calme et la paix en étant à l'écoute de son corps et de son rythme personnel.

2. Grujo et l'arc-en-ciel intérieur
La méditation/Retrouver son calme intérieur

En chacun, il y a un havre de paix et de sagesse; la méditation est un outil pour établir ou rétablir le contact avec cet espace personnel.

3. Colin découvre la confiance
L'enracinement/
Développer la confiance et la force

Grandir est une succession d'étapes importantes qui s'accompagnent parfois d'hésitations et de peurs; la confiance en soi solidifie la base, les racines…

4. Colin, Grujo et l'amitié
La connaissance de soi/Aimer et apprécier

Établir des relations saines avec les autres suppose que la confiance en soi et l'estime de soi soient de plus en plus présentes; apprendre à s'apprécier est un cadeau pour la vie.

5. Le choix…
Le discernement/Être à l'écoute de soi

Apprendre à écouter la petite voix intérieure et à lui faire confiance, c'est apprendre à garder son cap dans toutes les situations.

6. Le courage de Colin
L'affirmation/Se faire confiance

S'affirmer n'est pas s'opposer, mais s'appuyer, avec confiance, sur l'estime de soi pour prendre sa place et la conserver dans le respect de soi et des autres.

7. Trop… c'est trop!
Le respect de soi/Oser être soi-même

Établir une bonne communication implique aussi d'exprimer ses émotions et son état d'être de façon adéquate. Cela ressemble, parfois, à un défi!

8. Grujo retrouve son bien-être
La responsabilisation de soi/
Encourager l'autonomie

Grandir, c'est aussi apprendre à gérer ses émotions, acquérir de plus en plus d'autonomie et également se responsabiliser.

Les ateliers

Outils pour la vie
Pour la confiance et l'estime de soi

Conçus spécialement pour les petits, les ateliers sont l'occasion d'explorer en groupe les différentes thématiques abordées dans les histoires de la collection Outils pour la vie. Accessibles et variés, ils permettent d'outiller l'enfant afin qu'il puisse mieux se connaître et renforcer sa confiance et son estime de soi.

La méditation...
Élément-clé des ateliers, la méditation est un merveilleux outil d'autorégulation physiologique, mentale, et émotionnelle que les enfants peuvent apprendre facilement.

Pour en savoir plus, consultez le site Internet :

www.outilspourlavie.com